请你翻开这本书，领略因书而美的空间

愿你热爱阅读，成为因书而美的人

因书而美

Enriching books
Libraries and Bookstores Around the World

顾晓光 著

浙江摄影出版社
全国百佳图书出版单位

图书在版编目（CIP）数据

因书而美 / 顾晓光著. — 杭州：浙江摄影出版社，
2023.4
ISBN 978-7-5514-4427-9

Ⅰ. ①因… Ⅱ. ①顾… Ⅲ. ①图书馆—介绍—世界②
书店—介绍—世界 Ⅳ. ①G259.1②G239.1

中国国家版本馆CIP数据核字（2023）第049640号

YINSHU ER MEI
因书而美

顾晓光　著

责任编辑　张　磊
书籍设计　姜　寻
责任校对　高余朵
责任印制　汪立峰

出版发行　浙江摄影出版社
地　　址　杭州市体育场路347号
邮　　编　310006
电　　话　0571-85151082
网　　址　www.photo.zjcb.com
制　　版　杭州真凯文化艺术有限公司
印　　刷　杭州捷派印务有限公司
开　　本　889mm×1194mm　1/32
印　　张　9.25
版　　次　2023年4月第1版第1次印刷
书　　号　ISBN 978-7-5514-4427-9
定　　价　68.00元

序

周国平

世上什么最美？我的回答是书。人因书而美。繁华街头，幽静公园，教堂和茅屋，空客和地铁，瞥见一个专注的阅读者，总是令人眼前一亮，分明看见他（她）沐浴在一种精神的光辉之中。空间因书而美。图书馆和书店，不论大或小，古老或现代，宏伟或朴素，置身其中，总是令人心中一静，远离尘世的喧嚣和烦恼。

顾晓光行走于世界各地，所见林林总总，偏能聚焦于因书而美的人和空间，用摄影之美传示阅读之美。此前他已出版摄影随笔集《旅行之阅 阅读之美》，其中收录了他在不同场合抓拍的阅读者的影像。现在他又出版这本摄影集《因书而美》，该书收录他在五大洲38个国家和地区拍摄的136家图书馆和书店的作品，向我们展现了空间因书而美的真实情境。

长期担任阿根廷国家图书馆馆长的大作家博尔赫斯有一句名言：天堂应该是图书馆的模样。我相信，凡爱书之人对这句话都必定心有灵犀。天堂是布满光明的地方。书是光，有书的地方就有光明。伟大的灵魂在书中发光，这光芒超越时间和空间，照亮每一个爱智的灵魂。

请你翻开这本书，领略因书而美的空间。愿你热爱阅读，成为因书而美的人。

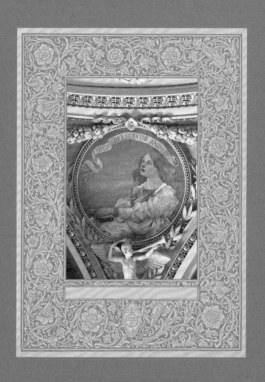

目录

序　周国平

图书馆卷

书店卷

图书馆卷

埃及亚历山大图书馆
Bibliotheca Alexandrina, Alexandria, Egypt
‖ 摄于 2007 年 ‖

关于古埃及亚历山大图书馆的任何描述都得不到确切的佐证。它来无影,去无踪,像一位蒙着面纱的女神,供后人崇拜、猜测。它究竟于何时建立、何时毁坏、样式如何、馆藏丰富程度如何,都不得而知。1974年,埃及亚历山大大学校长提议建立一座亚历山大图书馆。这个想法得到了埃及官方的支持,联合国教科文组织也参与了建设,并得到了国际社会诸多机构的帮助。2002年10月16日,新馆对外开放。埃及亚历山大图书馆位于地中海沿岸,与海岸仅一条马路之隔。其建筑造型奇特,内景极其空旷而又壮观。它是埃及看世界的窗口,也是埃及给世界的名片,更是古埃及及伊斯兰文明的文献收藏和研究中心。埃及亚历山大图书馆的历史地位显赫,享誉全球,新馆的建立得益于国际社会对其历史贡献的反哺。

奥地利维也纳皇家图书馆

Österreichische Nationalbibliothek, Vienna, Austria

‖ 摄于 2014 年 ‖

18世纪开放的奥地利维也纳皇家图书馆是历史上最大的洛可可式的图书馆，其设计建造之初衷就是"面向公众开放的国家藏书宝库"，除了"无知者、奴仆、流浪汉、饶舌之人和游手好闲之人"，其他人都可以进入。

澳门何东图书馆
Biblioteca Sir Robert Ho Tung, Macao, China
‖ 摄于 2013 年 ‖

何东图书馆作为澳门历史城区的一部分被列入世界文化遗
产名录，是少有的具有世界遗产标签的公共图书馆。馆舍
建于1894年，原是何东爵士的故居。图为其少儿阅览区。

白俄罗斯明斯克国家图书馆
National Library of Belarus, Minsk, Belarus
‖ 摄于 2018 年 ‖

作为明斯克地标建筑及白俄罗斯国家名片的国家图书馆新馆，建成于2006年。其有着鲜明的苏联建筑风格，设计独特。整幢建筑为菱形立方八面体，有23层楼，站在楼顶的平台可以俯瞰整座城市的风貌。在大楼入口外侧墙壁上雕刻着各种语言文字，其中，汉语为"上帝之子，方能尽善尽美"。

北京大学图书馆
Peking University Library, Beijing, China
‖ 摄于 2021 年 ‖

京师大学堂藏书楼建于1898年，是中国最早的现代新型图书馆之一。辛亥革命后，藏书楼更名为"北京大学图书馆"，后又合并了燕京大学图书馆。北京大学图书馆不仅馆藏丰厚，而且群星璀璨，多位名人、学者曾在此工作，他们与中国近现代的历史进程休戚与共，为图书馆的发展起到了积极的推动作用。

中国国家图书馆
National Library of China, Beijing, China
‖ 摄于 2009 年 ‖

清宣统元年（1909），在西学东渐的影响下，清学部为筹备立宪，确定
成立京师图书馆，此为国家图书馆的前身。历经百余年的洗礼，通过几
代图书馆人的努力，国家图书馆已今非昔比，无论是馆藏面积还是文献
收藏数量均居世界前列。

北京篱苑书屋
Liyuan Library, Beijing, China
‖ 摄于 2012 年 ‖

篱苑书屋是由香港陆谦受信托基金资助，清华大学李晓东教授设计的一家民间公益图书馆。它于2011年建成，短短几年，已收获了不少建筑设计奖项，成为全球建筑界和图书馆界颇有名气的"中国最美图书馆"。从北京怀柔交界河村的村口往外走几分钟便可看到它，颇有"复行数百步，豁然开朗"的桃源之感。篱苑书

屋的名气来自图书馆本身的设计与周围自然环境的有机融合。建筑前有水塘，后有大山，周围是成片的树林。书屋的主体是玻璃和钢的混搭结构，外用柴禾秆及各种树木枝干将其包裹。阳光透过柴禾秆间的空隙，营造出一种日影斑驳、树影婆娑的景象，室内既不受强光刺激，又显现出一幅温暖的画面。

北京杂·书馆
Za Library, Beijing, China
‖ 摄于 2015 年 ‖

作为中国目前最大的民间图书馆，杂·书馆无可争议。据其官网介绍，书馆馆舍面积3000余平方米，馆藏图书及纸质文献资料近百万册（件），存近千架。杂·书馆设有国学馆及新书馆两大馆区。国学馆内藏线装明清古籍文献20多万册，晚清民国期刊及图书20多万册，西文图书5万多册，特藏新书10万多册，名人信札手稿档案等20余万件；新书馆馆藏新书20余万册。其为传统私人藏经阁变身现代私立公益图书馆的最佳范例。它颠覆了"以独得为可矜，以公诸世为失策""书不借人，书不出阁"的传统藏书思维，以求"天下万世共读之"，可见幕后藏书家的大情怀。

比利时布鲁塞尔漫画博物馆图书馆
Library of Belgian Comic Strip Center, Brussels, Belgium
‖ 摄于 2018 年 ‖

一个诞生"丁丁"和"蓝精灵"的漫画之地，有一座漫画博物馆，
它的图书馆同样吸引着世界各地的漫画爱好者。

昌黎孤独图书馆
Lonely Seashore Library, Changli, China
‖ 摄于 2015 年 ‖

"三联书店海边公益图书馆"是阿那亚地产商在河北北戴河黄金海岸设立的一个社区图书馆，面向公众免费开放。由于它独特的设计及被冠以"孤独图书馆"的名称而被公众所熟知。在这个快速变化的信息时代，它体现出图书馆的守正与出新。"守正"在于其依然是人类文明的宝库、传播思想的宫殿、指引我们前进的灯塔、孤寂心灵的庇护所；"出新"体现在它是生长的有机体，在这个信息泛滥时代，个性化使其更具有专业价值。

昌黎葡宿图书馆
Pusu Library, Changli, China
‖ 摄于 2018 年 ‖

葡宿图书馆是河北省昌黎县图书馆对所租民房进行的改造项
目，它因陋就简、就地取材，书架是用桦树树干做成的。

重庆大学图书馆
Chongqing University Library, Chongqing, China
‖ 摄于 2015 年 ‖

20世纪20年代，在胡适的推荐下，自学成才的王云五加入商
务印书馆。1929年，在西学东渐的图书馆运动背景下，王云
五以一己之力，力排众议，创编《万有文库》，引领商务印书
馆开创了新一轮的辉煌成绩。同时，《万有文库》的出版，为
我国近代图书馆社会化的发展做出了极为重要的贡献，迄今也
没有一部丛书能与之比肩。这个4000分册丛书化身一座小型
图书馆的计划，以低廉的价格、齐备的科目，以及有效的书目
管理，将商务印书馆的东方图书馆"化为无数量的小图书馆，
使散在于全国各地方、各学校、各机关，而且在可能时，还
散在于许多家庭"。目前，我国很少有图书馆收藏配有专有书
架的《万有文库》，此为重庆大学图书馆的馆藏。

德国柏林国立图书馆
Staatsbibliothek zu Berlin, Berlin, Germany
‖ 摄于 2019 年 ‖

德国柏林国立图书馆始建于1661年，后为皇家图书馆，"二战"后，
归属于民主德国管辖。目前，它隶属于德国普鲁士文化资产基金会。

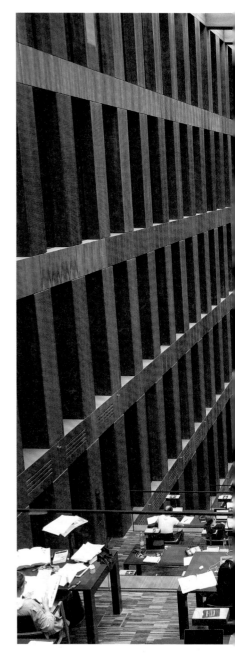

德国柏林洪堡大学图书馆
Universitätsbibliothek der Humboldt-
Universität zu Berlin, Berlin, Germany
‖ 摄于 2019 年 ‖

洪堡大学创立于1810年，冷战期间归属民主德
国。目前，它拥有德国最大的开架式图书馆，
中轴线对称设计是图书馆的特点之一。

德国柏林自由大学语言学图书馆
Philologische Bibliothek der Freien Universität
Berlin, Berlin, Germany
‖ 摄于 2019 年 ‖

自由大学和洪堡大学同源于1810年创立的柏林大学，因冷战的原因曾分属联邦德国和民主德国。自由大学语言学图书馆落成于2005年，图书馆的外形像一个头盖骨，被誉为"柏林的大脑"。

德国斯图加特图书馆
Stadtbibliothek am Mailänder Platz, Stuttgart, Germany
‖ 摄于 2017 年 ‖

德国斯图加特图书馆于2011年落成，其建筑设计灵感来源于古罗马的万神殿，因外形像魔方，被称为"书魔方"。

东莞图书馆图书自助服务站
Self-service Book Station, Dongguan
Library, Dongguan, China
‖ 摄于 2011 年 ‖

2005年9月，东莞图书馆在新馆开馆的同时，推出了24小时开放的自助图书馆，在全国最早践行了"图书馆24小时开放、读者自助服务"的理念。2007年底，东莞图书馆又推出了"可放置于任何地方"的图书自助服务站，此创新服务形式现已在全国被广泛学习借鉴。

俄罗斯圣彼得堡国家图书馆
National Library of Russia, Saint-Petersburg, Russia
‖ 摄于 2018 年 ‖

走在涅瓦河畔，圣彼得堡像个猛汉，强行向旅者展示着当年帝国的辉煌场景，甚至不容置疑；而踏入其国家图书馆，异乡人会不自觉地被征服，它给予我一些对于沙皇时代的感知，宏伟、典雅、且有艺术化的细部考究。漫步其中，犹如进入一座博物馆，这毕竟是一座有着200多年历史的建筑。

法国巴黎国家图书馆
Bibliothèque Nationale de France | Site Richelieu, Paris, France
‖ 摄于 2017 年 ‖

法国国家图书馆肇始于1368年国王查理五世（Charles V）所建的皇家图书馆，后向学者开放。目前馆内还留存着伏尔泰和卢梭等法国思想家的多次借阅记录。法国国家图书馆现在拥有数个馆址，主要馆址为巴黎十三区道乐比阿克（Site Tolbiac）街区的密特朗图书馆（Bibliothèque François-Mitterrand）和巴黎二区黎世留街（Rue de Richelieu）的黎世留老馆（Site Richelieu）。

法国巴黎吉美博物馆图书馆
La Bibliothèque Historique,
Musée Guimet, Paris, France
‖ 摄于 2017 年 ‖

吉美博物馆是法国专藏亚洲艺术
作品的博物馆，其图书馆主要收
藏亚洲艺术主题图书。

法国圣艾蒂安－莱索尔格迷你图书馆
Little Free Library, Saint-Étienne-les-Orgues, France
‖ 摄于 2018 年 ‖

小型免费图书馆（Little Free Libraries）是于十几年前在美国出现、发展，继而影响到全世界的一种图书共享活动，在我国被称为"迷你图书馆""鸟巢图书馆"等。此图中的这个"迷你图书馆"位于法国南部上普罗旺斯阿尔卑斯省的一个人口约千人的小镇圣艾蒂安–莱索尔格。

芬兰赫尔辛基国家图书馆
National Library of Finland, Helsinki, Finland
‖ 摄于 2018 年 ‖

它的前身是1640年成立的土尔库皇家学院图书馆，目
前归属赫尔辛基大学管理。

芬兰赫尔辛基大学图书馆
Helsinki University Main Library, Helsinki, Finland
‖ 摄于 2018 年 ‖

赫尔辛基大学主图书馆是芬兰最大的学术图书馆，建于2010年。这座设计精巧而实用的建筑让读者充分感受视野和光所带来的舒适感。设计师希望打造一个没有时间限制的氛围，家具和标识设计都可以随意置换。任何时代的人身处其中，都会觉得这是他们自己的建筑。

古巴哈瓦那国家图书馆
**Biblioteca Nacional de Cuba José Martí,
Havana, Cuba**
‖ 摄于 2016 年 ‖

古巴国家图书馆内，桌椅陈旧，读者大多是中老
年人，他们会拿着一些纸张，手写记录书中的内
容，这让人感觉回到了互联网出现之前的时代。

海口云洞图书馆
Wormhole Library, Haikou, China
‖ 摄于 2021 年 ‖

这座一体成型的混凝土建筑，被英国《泰晤士报》称为"2021年最期待建成的建筑作品"。位于海边的云洞图书馆馆藏图书并不多，但选书精良，它的存在价值可以用马岩松的设计理念来诠释——"精神属性是建筑的核心价值；它将渲染一座城市的人文氛围。我们希望这里是人们日常生活中愿意前往并停留的城市空间。建筑、艺术、人文和自然在这里相遇，它们将开启人们的想象之旅，探索、欣赏不同的美带给人们生活的意义"。

韩国首尔国立中央图书馆
National Library of Korea, Seoul,
South Korea
‖ 摄于 2006 年 ‖

它的前身是1923年日本侵略者建立的朝鲜总
督府图书馆。1945年，韩国政府接管该图书
馆，并将其命名为"国立图书馆"。1963年
10月，该馆改名为"国立中央图书馆"。

杭州大屋顶书馆
The Roof Library, Hangzhou, China
‖ 摄于 2016 年 ‖

杭州大屋顶书馆是一家公益图书馆，选址于杭州良渚文化
村，由日本建筑师安藤忠雄设计。

荷兰代尔夫特理工大学图书馆
TU Delft Library, Delft, Netherlands
‖ 摄于 2018 年 ‖

它是一座以玻璃和草木为标签的图书馆，图书馆的建筑主体
在一个布满草坪的山坡地下，未来感十足。

荷兰阿姆斯特丹国立博物馆研究图书馆
Rijksmuseum Research Library, Amsterdam, Netherlands
‖ 摄于 2018 年 ‖

它是荷兰最大、最古老的公共艺术史研究图书馆。

荷兰斯派克尼瑟书山图书馆
Boekenberg (Book Mountain), Spijkenisse, Netherlands
‖ 摄于 2018 年 ‖

它是荷兰MVRDV公司在图书馆建筑中的一个代表作品，其外表是一座玻璃金字塔，空
间设计类似于荷兰农舍，虽然面积不大，却是一个以图书为媒介的多功能文化中心。

加拿大温哥华公共图书馆
Vancouver Public Library, Vancouver, Canada
‖ 摄于 2008 年 ‖

温哥华是一个文化多元的移民城市，其公共图书馆为了满足
多种族群的文化需求，提供了形式多样的读者服务。

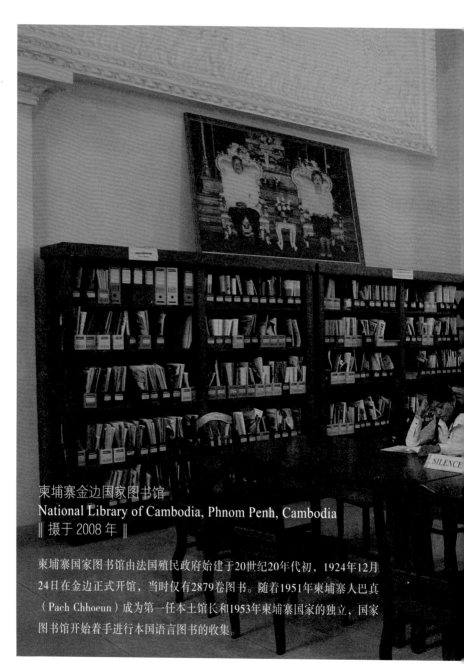

束埔寨金边国家图书馆
National Library of Cambodia, Phnom Penh, Cambodia
‖ 摄于 2008 年 ‖

束埔寨国家图书馆由法国殖民政府始建于20世纪20年代初，1924年12月
24日在金边正式开馆，当时仅有2879卷图书。随着1951年束埔寨人巴真
（Pach Chhoeun）成为第一任本土馆长和1953年束埔寨国家的独立，国家
图书馆开始着手进行本国语言图书的收集。

焦作莫沟村窑洞图书馆
Cave Dwelling Library, Jiaozuo,
China
‖ 摄于 2021 年 ‖

焦作政府和村民倾注了许多的心血，
将废弃窑洞改建成"老苗书馆"，它
是新农村建设的一个样板。

捷克布拉格斯特拉霍夫修道院图书馆
Strahov Library, Prague, Czech
‖ 摄于 2014 年 ‖

布拉格斯特拉霍夫图书馆是一个修道院图书馆，每次评选"世界最美图书馆"总是少不了它。最
值得一提的是它的哲学大厅，建于17世纪，其壁画《人类的精神发展》以浓缩形式展现了科学与
宗教的历史，左侧可以看到亚历山大大帝和亚里士多德，右侧有毕达哥拉斯和苏格拉底。

拉脱维亚里加国家图书馆
National Library of Latvia, Riga, Latvia
‖ 摄于 2018 年 ‖

2014年开放的拉脱维亚国家图书馆新馆由拉脱维亚裔美国建筑师贡纳尔·比尔克茨（1925—2017）设计，它成为里加又一座标志性建筑，取名"光之城堡"。读者漫步其中，最夺目的一角便是"人民书架"，它不仅看上去光鲜亮丽，而且内有世界各国捐赠的包括50种语言的7000余册图书，相信这个数字还会不断增加。每位捐赠人在扉页题上一句话，或者讲述自己与这本书因缘际会的故事。这个倡议活动被馆方称为"A Special Book for a Special Bookshelf"，每一束光都有不一样的色彩，每一个人都有独特的书缘，书海中每一滴水都以自己的方式流淌。

立陶宛维尔纽斯国家图书馆
Martynas Mažvydas National Library of Lithuania, Vilnius, Lithuania
‖ 摄于 2018 年 ‖

立陶宛首都维尔纽斯面积不大，是一座有着悠久历史的名城，它的古城是世界文化遗产。由于历史上犹太人较多，故它也被称为"立陶宛的耶路撒冷"。其国家图书馆则融合了古典和现代风格，入口两侧的人物书墙别具特色。

立陶宛维尔纽斯街头图书馆
Open-air Reading Space, Vilnius, Lithuania
‖ 摄于 2018 年 ‖

它是一个提供约1000本图书的露天阅读空间（open-air reading space）。不同于我国的24小时自助图书馆，这里的开放时间为上午十点到晚上八点，下雨天除外。街头图书馆有图书馆员值守，读者可以随意取一本书在有着树荫的草坪上阅读。这个遍及立陶宛全国的公益服务活动在维尔纽斯持续了100天。图书馆来到户外，成为城市里一道别样的人文景观。对于读者来说，这种阅读环境更为亲切和自然；对于图书馆来说，面对互联网的挑战，多样化的阅读氛围和用户体验成为其优势所在。

美国波士顿公共图书馆
Boston Public Library, Boston, USA
‖ 摄于 2018 年 ‖

波士顿公共图书馆享有多个美国图书馆界第一的殊荣，比如：它是第一个公共市立图书馆，第一个允许普通市民外借图书的图书馆，第一个开设儿童阅读区的图书馆，第一个提供音、视频服务的公共图

书馆。麦金（McKim）大楼门厅处有6个人物雕像，分别寓意音乐、诗歌、知识、智慧、真理、浪漫（Music, Poetry, Knowledge, Wisdom, Truth, Romance），这应是波士顿人在19世纪末对于图书馆的理解。

美国国会图书馆
Library of Congress, Washington D.C., USA
‖ 摄于 2018 年 ‖

位于华盛顿特区的美国国会图书馆是根据1800年美国国会通过的一项法案而建立
的，它是目前全世界最大的图书馆。美国第三任总统托马斯·杰斐逊认为民主和
知识存在直接的联系，"开启民智，让身心和思想的专制和压迫如黎明时分的魔

鬼一样消失"。他提议并促成国会图书馆的诞生，并将其视为国家政治进步的重要工具。1869年，清朝同治皇帝将明清时期的10部刻书共计933册赠送给美国国会图书馆。孔子的"教之"被刻在杰斐逊大楼的一个门楣上。

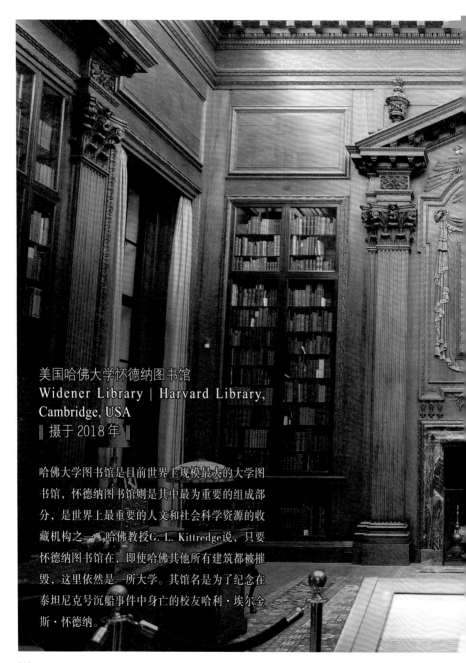

美国哈佛大学怀德纳图书馆
Widener Library | Harvard Library,
Cambridge, USA
‖ 摄于 2018 年 ‖

哈佛大学图书馆是目前世界上规模最大的大学图
书馆，怀德纳图书馆则是其中最为重要的组成部
分，是世界上最重要的人文和社会科学资源的收
藏机构之一。哈佛教授G. L. Kittredge说，只要
怀德纳图书馆在，即使哈佛其他所有建筑都被摧
毁，这里依然是一所大学。其馆名是为了纪念在
泰坦尼克号沉船事件中身亡的校友哈利·埃尔金
斯·怀德纳。

Room Alarmed

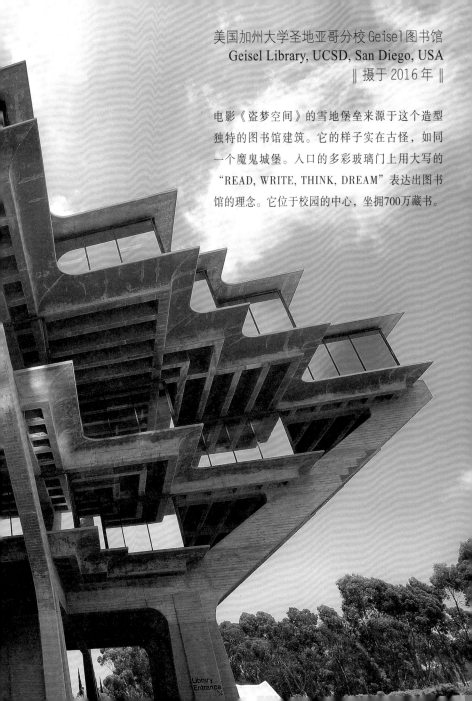

美国加州大学圣地亚哥分校 Geisel 图书馆
Geisel Library, UCSD, San Diego, USA
‖ 摄于 2016 年 ‖

电影《盗梦空间》的雪地堡垒来源于这个造型
独特的图书馆建筑。它的样子实在古怪，如同
一个魔鬼城堡。入口的多彩玻璃门上用大写的
"READ, WRITE, THINK, DREAM" 表达出图书
馆的理念。它位于校园的中心，坐拥700万藏书。

Library
Entrance

美国纽约公共图书馆
New York Public Library, New York, USA
‖ 摄于 2018 年 ‖

2017年，纪录片《书缘：纽约公共图书馆（Ex Libris: The New York Public
Library）》上映，这是一部帮助观众了解美国公共图书馆的影音教材，它向观
众展示了纽约公共图书馆是如何影响公众生活的。影片中，图书馆员的两句话
给我留下了较深的印象——"我相信教育和获取信息资源是逐步解决不平等问
题的根本方法""图书馆是我们民主的支柱"。图书馆门口那两座名为"忍
耐"和"坚毅"的狮子雕像则是超越知识的一种图腾般的精神象征。

美国普林斯顿公共图书馆
Princeton Public Library, Princeton, USA
‖ 摄于 2018 年 ‖

这座现代化的公共图书馆紧临普林斯顿公墓，余英时先生便安眠于此公墓。东西方关于"死亡"的文化差异立现。我们也可以用东方哲学来宽慰读者抬头便见墓地的不安，在书海中看淡人生无常、向死而生。孔子说："笃信好学，守死善道。""朝闻道，夕死可矣。"如此说来，这两者看似不搭的场景有了深层的含义。

缅甸仰光大学图书馆

University of Yangon Library, Yangon, Myanmar

‖ 摄于 2011 年 ‖

2011年，我去缅甸旅行时，这个国家的开放程度还不高。外国游客是不允许进入仰光大学的，而我去幸运地误打误撞，"闯"了进去，但在大学图书馆里咨询问题时，被主人发现，善意地请了出去。

墨西哥巴斯孔塞洛斯图书馆
Biblioteca Vasconcelos, Mexico City, Mexico
‖ 摄于 2016 年 ‖

它的与众不同之处在于整个大厅的两侧布满了全钢的
书架，书架由屋顶悬挂而下，配以大厅中央展示的鲸
鱼骨骼标本，有着"书之方舟"的意味。

墨西哥国立自治大学图书馆
Biblioteca Central UNAM, Mexico City,
Mexico
‖ 摄于 2016 年 ‖

它是世界文化遗产，建筑外墙用一厘米见方的彩色马赛
克拼接而成，组成巨幅壁画。画面内容表现了墨西哥的
历史和文化。这幅10层楼高的图书馆大型壁画的设计由
墨西哥著名建筑师、画家胡安·敖戈尔曼担纲。

南非德班夸祖鲁－纳塔尔大学霍华德学院图书馆
Howard College Library, University of KwaZulu-Natal, Durban, South Africa
‖ 摄于 2007 年 ‖

夸祖鲁–纳塔尔大学有5个校区，此为其中一个校区的图书馆。

TELEPHONE DIRECTORIES

宁波天一阁
Tianyi Library, Ningbo, China
‖ 摄于 2021 年 ‖

"建阁阅四百载，藏书数第一家。"天一阁藏书楼又称"宝书楼"，是亚洲现存最古老的藏书楼，已有400多年历史，计13代传承。其楼阁建筑设计引四库七阁效仿，藏书版本精善，珍品充仞其中。

宁波图书馆
Ningbo Library, Ningbo, China
‖ 摄于 2021 年 ‖

宁波图书馆前身为近代宁波最早的公共藏书楼——薛楼。2018年12月28日开放的新馆，建筑设计
呈现出与传统藏书楼全然不同的风格，这是SHL建筑事务所在中国完成的第一个图书馆项目，并
使中国首次获得国际图书馆协会联合会"年度最佳公共图书馆"的提名。

上海建投书局传记图书馆
Biography Library, JIC Books | Shanghai
Pujiang Store, Shanghai, China
‖ 摄于 2021 年 ‖

建投书局是一家以传记为主题特色的书店。秉承"不止于书"的理念，与城市多业态跨界融合，不断拓展运营的边界，致力于成为公共文化空间的卓越运营者、文化产品的先进提供者和文化资源的优秀整合者，推动书店产业运营模式的创新发展。店内的传记图书馆大厅，拥有挑高14米的穹顶，透过落地玻璃幕墙直面黄浦江，浦东陆家嘴的标志性建筑一览无余。

上海图书馆徐家汇藏书楼
Shanghai Library Bibliotheca Zi-Ka-Wei,
Shanghai, China
‖ 摄于 2021 年 ‖

徐家汇藏书楼由上海天主教耶稣会于1847年创立，是中国现
存最早的近代图书馆之一，也是我国西学东渐和东学西传的
缩影。徐家汇藏书楼于1956年正式并入上海图书馆。藏书楼
北楼为两层砖木结构建筑：二楼为西文书库，布局和排架为
梵蒂冈图书馆式样；一楼仿照天一阁风格，为中文藏书区。

斯洛文尼亚卢布尔雅那国家和大学图书馆
National and University Library of Slovenia,
Ljubljana, Slovenia
‖ 摄于 2019 年 ‖

其前身是根据哈布斯堡王朝女皇玛丽亚·特蕾西亚
的敕令于1774年建立的里苏姆图书馆。

天津滨海新区图书馆
Tianjin Binhai Library, Tianjin, China
‖ 摄于 2017 年 ‖

由于独特的设计，天津滨海新区图书馆于2017年10月向公众开放后即引发了很强的新闻效应，也伴随着诸多争议。这种争议并不鲜见。2013年，美国纽约公共图书馆推出 "中央图书馆计划"，将主楼的书库迁出，改造为一个公共空间。此计划一经公布，便惹来诉讼。反对方认为这样的改造 "对于图书馆实现公众研究及参考需要的这一使命来说，是一场注定的灾难"。中美这两家图书馆的建筑思路和引发的讨论有相似之处，也让我们图书馆从业者需要借此思考：在互联网环境下，图书馆建筑的属性和价值观是否需要进行调整？如何调整？

土耳其伊斯坦布尔阿塔图尔克 24 小时图书馆
Atatürk Library, Istanbul, Turkey
‖ 摄于 2015 年 ‖

19世纪的诗人拉马丁曾言："一个人若只能望这尘世一眼，那应当是伊斯坦布尔。"这座横跨亚欧大陆的历史名城中有一座世界上少有的24小时均有人值守的图书馆。凌晨，偌大的阅览室内，我看到两名馆员正为六名读者服务，有人在读书，有人在上网，有人在伏案睡觉。它赋予了图书馆更多的象征意义：这里不仅是知识的海洋、智慧的殿堂，还是各类孤独者和弃儿的天堂。

土耳其以弗所赛尔瑟斯图书馆
Celsus Library, Ephesus, Turkey
‖ 摄于 2015 年 ‖

赛尔瑟斯图书馆建于公元2世纪，为现存最早、最完整的古代图书馆。今天，它矗立在以弗所古城遗址的中心位置，供世人参观游览，向我们展示着古罗马时期的人类文明。这座古建筑既是图书馆，也是赛尔瑟斯之子为其建造的陵墓，现存的图书馆并非原样如初，经过地震的破坏，原来的建筑早已倾圮。当19世纪末奥地利考古学家发现此废墟时，它已经散落堆积为一座两米高的小山。我们看到的赛尔瑟斯图书馆是1970年至1978年间重新修复的。图书馆的正面墙壁上有四尊雕像，分别代表智慧、知识、思想和美德。

围场星空图书馆
Mulan Weichang Visitor Center, Weichang, China
‖ 摄于 2021 年 ‖

这是建筑设计师张海翱及演员吴彦祖等共同打造的一处公共空间。这座建筑位于河北围场满族蒙古族自治县，这里是当年清帝举行"木兰秋狝"之地。在设计理念上，它融合了满、蒙、汉、藏四族文化，外形像传统的蒙古包，大厅则是一个现代风格的图书馆。围场星空图书馆曾入围2018年AR图书馆建筑奖和英国皇家建筑师学会奖。

西班牙巴塞罗那大学图书馆
The UB Library, Barcelona, Spain
‖ 摄于 2009 年 ‖

这是一座建于15世纪的大学图书馆。

希腊雅典国家图书馆
National Library of Greece,
Athens, Greece
‖ 摄于 2019 年 ‖

希腊国家图书馆位于雅典市中心附
近，与比邻的雅典学院和雅典大
学并称为"新古典主义建筑三部
曲"。由于空间的限制以及对于未
来发展的重新规划等因素，图书馆
原有的馆舍已不能满足读者的需
求。2018年，位于西海岸边的新
馆投入使用，它和国家歌剧院连接
为一体，成为市民休闲娱乐的文化
中心，图书馆大厅的开放时间更是
延长至午夜十二点。

香港中央图书馆
Hong Kong Central Library, Hong Kong, China
‖ 摄于 2015 年 ‖

香港中央图书馆成立于2001年，隶属香港特别行政区政府康乐及文化事务署，是香港公共图书馆体系中面积最大、服务范畴最广和馆藏数量最多的公共图书馆。

新西兰奥克兰公共图书馆
Auckland Public Library, Auckland, New Zealand
‖ 摄于 2018 年 ‖

1880年，奥克兰图书馆向公众免费开放，当时，城市人口为27000人，图书馆藏书7000册。现在，它已经是一座现代化的大型公共图书馆，拥有大洋洲最大的公共图书馆系统。

伊朗德黑兰国家图书馆
National Library of Iran, Tehran, Iran
‖ 摄于 2015 年 ‖

伊朗是世界上少数实行政教合一制度的国家，其国
家图书馆阅览区是男女分开的。图为女性阅览区。

以色列耶路撒冷国家图书馆
National Library of Israel, Jerusalem, Israel
‖ 摄于 2016 年 ‖

"世界若有十分美，九分在耶路撒冷"，作为犹太教、基督教和伊斯兰教三大宗教的圣城，耶路撒冷地位独特。"观察耶路撒冷就是在考量这个世界的历史"，位于耶路撒冷的以色列国家图书馆承载着历史和文化的记录与传承之责任，文字和纸张记录了人类几千年的光荣与梦想、沧桑与苦难。

以色列特拉维夫本 – 古里安图书馆
The Ben-Gurion Library, Tel Aviv, Israel
‖ 摄于 2016 年 ‖

以色列第一任总理大卫·本-古里安简明扼
要地表达了书籍对于民族的重要性："我
们保存了书籍，书籍保护了我们。"

英国伦敦大英图书馆
British Library, London, UK
‖ 摄于 2019 年 ‖

它是英国20世纪最大的公共建筑。根据1972年颁布的《英国图书馆法》，大英图书馆于1973年由大英博物馆图书馆和另外几家图书馆合并组建而成。虽然建馆历史不长，但它的馆藏丰富，珍品繁多，现存最古老的雕版印刷品之一——敦煌《金刚经》便藏于此。

英国剑桥大学李约瑟研究所东亚科学史图书馆
East Asian History of Science Library, Needham Research
Institute, University of Cambridge, Cambridge, UK
‖ 摄于 2019 年 ‖

李约瑟在抗日战争期间来到中国，并与中国学人有着多年密切的联系，他
编著的《中国科学技术史》第一次系统地向世界推介中国的古代科技成
就。剑桥大学李约瑟研究所东亚科学史图书馆的很多藏书都是李约瑟本人
从中国买入的，它是西方学者研究中国科技、医学发展重要的文献中心。

英国伦敦大学参议院图书馆
Senate House Library, University of London, London, UK
‖ 摄于 2019 年 ‖

参议院图书馆是伦敦大学图书馆的中心馆，建成于"二战"前，曾是伦敦第二高建筑。

英国牛津大学博德利图书馆
Bodleian Library, University of Oxford, Oxford, UK
‖ 摄于 2019 年 ‖

牛津大学图书馆已有700余年的历史，不仅馆藏丰富，而且现在仍在使用的部分馆舍为中世纪的遗存。1602年，图书馆开始向学者开放。目前的牛津大学博德利图书馆由28个图书馆组成，图为它的拉德克里夫图书馆（Radcliffe Camera），其建筑是英国早期圆形图书馆的代表，也是牛津大学的地标建筑，电影《哈利·波特》曾在此取景拍摄。

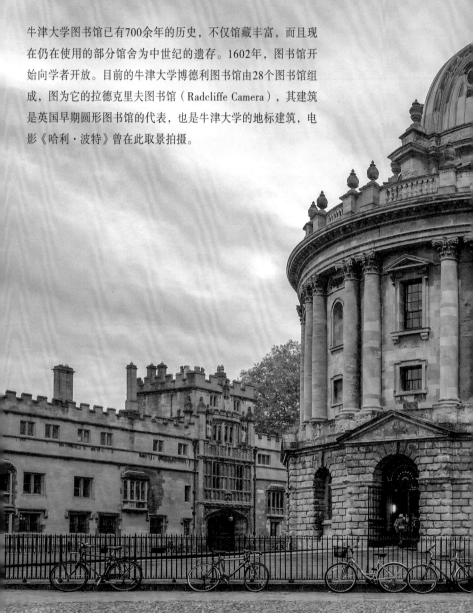

以色列耶路撒冷大卫塔 "图书馆" 灯光秀
Library Scene in the Night Spectacular Sound & Light Show, Jerusalem, Israel
‖ 摄于 2016 年 ‖

通过大卫塔灯光秀，游客可以利用现代化的声光电科技了解到犹太人几千年来的发展。艰辛与辉煌、不安与抗争贯穿着历史。其中有一个篇章是讲述图书是如何塑造犹太人的，书籍不死，文明长存。阅读是塑造其民族的基础。犹太谚语曰："这世上有三样东西是别人抢不走的：一是吃进胃里的食物，二是藏在心中的梦想，三是读进大脑的书。"

书店卷

爱沙尼亚塔林 Rahva Raamat 书店
Rahva Raamat, Tallinn, Estonia
‖ 摄于 2018 年 ‖

它是爱沙尼亚的书业领头羊，成立于1912年。其使命是分享知识和探索乐趣。

白俄罗斯明斯克书店
Unknown Bookstore, Minsk, Belarus
‖ 摄于 2018 年 ‖

明斯克意为"交易之镇"，这座古城有着近千年历史，今天它是白俄
罗斯的首都。现在的明斯克是在"二战"废墟上重建的。由于是苏联
时期的新城，它的建筑和市容带有浓烈的苏式风格。但这个不知名的
书店却脱离了城市特征，以独立的姿态存在于这座城市的一个角落。

北京布衣书局
Booyee Bookstore, Beijing, China
‖ 摄于 2021 年 ‖

北京布衣书局已成立20年，是具有个人鲜明风格、以经营古旧书为主的独立书店。它生于网络，从天涯社区到独立网站。老板胡同先生从"贩书日记"到在线直播，见证了新世纪书店业的千姿百态，酸甜苦辣。2021年，他在北京南阳共享际成立子品牌"布衣古书局"，专营古籍业务。

北京老书虫
Bookworm, Beijing, China
‖ 摄于 2015 年 ‖

它入选过《孤独星球》评选的全球最美20家书店，是京城极具风格的文化空间，同时兼有图书馆、餐厅、咖啡馆和脱口秀小剧场等服务功能。书店的书籍以英文书为主，故它也曾是北京外国读者最多的书店。"老书虫"现已停业。

北京模范书局＋诗空间
Mofan Bookstore, Beijing, China
‖ 摄于 2021 年 ‖

对已有百年历史的中华圣公会教堂旧址进行了空间改造，使之成为国内少有的"教堂书店"。曾被评为"北京最美书店"。模范书局创始人姜寻希望通过这种风格化的阅读空间让读者更好地了解历史、触摸文化，同时让传统焕发新生。

北京 PageOne 前门北京坊店
PageOne, Beijing, China
‖ 摄于 2021 年 ‖

PageOne书店于1983年在新加坡成立，2017年，它被新经
典文化收购。书店的空间设计和所选书籍都极具特色。

北京三联韬奋书店
SDX Taofen Bookstore, Beijing, China
‖ 摄于 2021 年 ‖

它是三联书店（出版社）的全资子公司。依靠三联书店近90
年的出版品牌，1996年成立的三联韬奋书店是北京重要的文
化地标之一。"当城市进入午夜，书店就是灯火"，2014
年，它成了北京首家24小时不打烊书店。图为2018年开放
的三里屯店，由北京建筑设计研究院副院长米俊仁主持、策
划、设计，其设计灵感源自北宋范宽的《溪山行旅图》，将
阅读的体验看作徜徉于书山的思想蜿蜒之旅。

北京泰舍书局
Taishe Bookstore, Beijing, China
‖ 摄于 2022 年 ‖

这是上海三联书店旗下生活品牌——READWAY首次与社区结合的模式。

北京 SKP RENDEZ-VOUS 书店
SKP RENDEZ-VOUS, Beijing, China
‖ 摄于 2021 年 ‖

SKP RENDEZ-VOUS是由SKP打造的一处包含新概念书店、时尚创意西餐、生活好物、艺术展演与文化沙龙的跨界组合公共文化空间，位于北京SKP商城内。它是一个与文化、艺术、设计相遇的场所，还是一个综合性的内容平台，不断为大众带来全新的展览、文化现场、短视频节目，以及一系列激发灵感的体验。

北京万圣书园
All Sages Bookstore, Beijing, China
‖ 摄于 2013 年 ‖

万圣书园位于北京大学和清华大学附近，以学术类书籍为主营范围。其中规中矩的陈设使之看上去像一家古旧书店，主人尽量用好每一处空间，生怕遗落每一本好书。它是我心目中最不可或缺的中国书店。

比利时布鲁塞尔 COOK & BOOK 书店
COOK & BOOK, Brussels, Belgium
‖ 摄于 2018 年 ‖

这是全世界知名的美食与图书结合在一起的书店。
上海的思想家咖啡书廊也是一家与之类似的书店。

比利时布鲁塞尔 Tropismes 书店
Tropismes Libraires, Brussels, Belgium
‖ 摄于 2018 年 ‖

1984年，这座1847年的建筑告别了爵士乐的喧闹，迎来了这家
法语书店，同时保留了镜面墙、夹层楼和灰泥天花板等特点。

波黑萨拉热窝街头书摊
Bookstall, Sarajevo, Bosnia and Herzegovina
‖ 摄于 2019 年 ‖

1914年6月，在萨拉热窝拉丁桥暗杀斐迪南大公的事件成为"一战"的导火索。作为史上最久的围城战役，20世纪末的萨拉热窝围城（1992年4月至1996年2月）让这座城市满目疮痍，生灵涂炭。美国作家苏珊·桑塔格在围城期间多次造访这个多灾多难的古城，不无痛心地说："这座城市以一次大战宣告了20世纪的开始，又以一次战争为20世纪落下帷幕。"现在的萨拉热窝多元文化融合，已走出了战争的阴影，一派生机盎然。

当读

天雨粟鬼夜哭，始有阅读

当是时，仓颉造字，

长沙当当梅溪书院
Dangdang Bookstore, Changsha, China
‖ 摄于 2017 年 ‖

其为当当网的线下书店，是中国第一家线上线下融合（O+O）的书店。

长沙止间书店
Zhijian Bookstore, Changsha, China
‖ 摄于 2017 年 ‖

以"不止是一间书店"为名，以"止步此间"为理想，透露出书店的运营理念。

重庆方所
Fangsuo Commune, Chongqing, China
‖ 摄于 2016 年 ‖

方所以书店作为文化创意产业平台，以考究的美学理
念提升生活品质，以公共文化空间打造文化综合体。

德国柏林 Bücherbogen 书店
Bücherbogen, Berlin, Germany
‖ 摄于 2019 年 ‖

店名为书的拱门之意，源于店内有四个拱门来连接各个独立的房间。它的面积达500平方米，主题以艺术为主。它创建于1980年，此前为一家汽修厂。书店保留了工业化的设计，以及无法逃避的屋顶上轻轨的轰隆声。读者安静地挑选图书时，它好像在提醒爱书人别沉溺于书中的静谧，偶尔的嘈杂才是真实的生活。

德国柏林 Dussmann das KulturKaufhaus 书店
Dussmann das KulturKaufhaus, Berlin, Germany
‖ 摄于 2019 年 ‖

它是一个拥有五层楼的大体量书城。不仅如此，它的宗旨也够宏
大：柏林就是文化，文化就是本店，我们的心为文化而跳动。

德国柏林摄影博物馆书店
Bookstore of Museum für Fotografie,
Berlin, Germany
‖ 摄于 2019 年 ‖

它是摄影博物馆内以摄影为主题的书店。

德国柏林塔森书店
Taschen Bookstore, Berlin, Germany
‖ 摄于 2019 年 ‖

塔森是一家知名的艺术出版商，这家书店是
它在柏林的旗舰店。

俄罗斯圣彼得堡书店
Bookstore, St Petersburg, Russia
‖ 摄于 2018 年 ‖

一个名叫"书店"的书店,它是圣彼得堡最大的书店,"十月革命"后面世的书店。

法国巴黎 Assouline 书店
Assouline, Paris, France
‖ 摄于 2017 年 ‖

如果说图书业也有奢侈品的话，Assouline 必有一席之地。它是一个出版品牌，同时还为客户提供专门定制豪华图书馆的业务。

法国巴黎塞纳河畔旧书摊
Les bouquinistes de Paris, Paris, France
‖ 摄于 2017 年 ‖

塞纳河畔有绵延几公里的书摊，这一历史可以追溯到400多年前新桥的出现而带来的街头市场。当时，有人认为这是"世上最大的图书馆"。戴望舒在《巴黎的书摊》一文中这样描述逛完书摊后的感受："倚着桥栏，俯看那满载着古愁并饱和着圣母祠的钟声的，塞纳河的悠悠的流水，然后在华灯初上之中，闲步缓缓归去，倒也是一个经济而又有诗情的办法。"

法国巴黎莎士比亚书店
Shakespeare and Company, Paris, France
‖ 摄于 2017 年 ‖

莎士比亚书店的两位传奇掌门人西尔维亚·比奇和乔治·惠特曼，用他们超乎寻常的奉献和坚守滋润了众多爱书人。没有西尔维亚·比奇，便没有詹姆斯·乔伊斯的《尤利西斯》的顺利出版；没有乔治·惠特曼，他的好友费林盖蒂可能也不会开一家迄今大名鼎鼎的旧金山城市之光书店。就像大学因大师而存在，而非以大楼闻名一样，莎士比亚书店没有豪华的装饰与讨巧的设计，逼仄的空间和古旧的书架见证了众多名家悲怆又诗意的人生和无数无名者落魄且暖心的岁月。"不要慢待陌生人，他们可能是乔装改扮的天使。"最能感受这句口号的应是几十年间的四万多名书店留宿者。

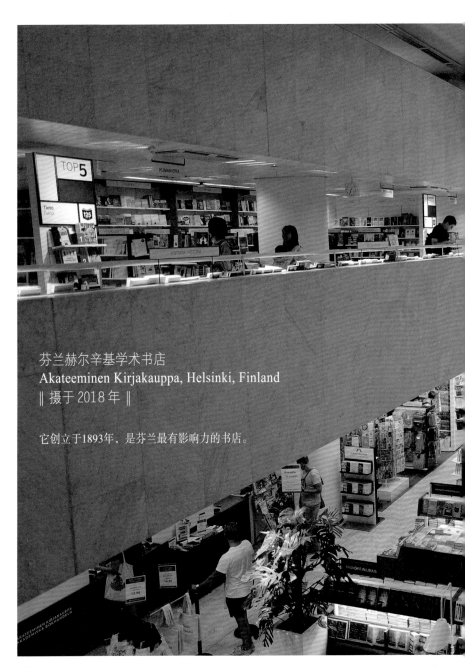

芬兰赫尔辛基学术书店
Akateeminen Kirjakauppa, Helsinki, Finland
‖ 摄于 2018 年 ‖

它创立于1893年，是芬兰最有影响力的书店。

古巴哈瓦那旧书摊
Bookstall, Havana, Cuba
‖ 摄于 2016 年 ‖

哈瓦那武器广场有众多的旧书摊，是这个城市购书的好去处，不过这些书大多是针对游客而选的，基本是一些旧版书，多为介绍古巴历史文化及与古巴相关的文学书籍，比如《老人与海》的各个版本、切·格瓦拉的诸多传记等。

广州 1200bookshop
1200bookshop, Guangzhou, China
‖ 摄于 2016 年 ‖

其为广州书店业的后起之秀，24小时不打烊，现已有多家分店。

因 閲 讀 而 可 能 SIS

贵阳西西弗书店
SISYPHE Bookstore, Guiyang, China
‖ 摄于 2011 年 ‖

西西弗书店面世时的口号是"因阅读而可能"。一个自贵阳起步的书
店，现已在全国有众多连锁分店。

哈尔滨果戈里书店
Gogol Bookshop, Harbin, China
‖ 摄于 2018 年 ‖

果戈里书店位于哈尔滨有着百年历史的果戈里大街
上，其欧式的装修风格在中国尤显独特。

杭州茑屋书店
Tsutaya Bookstore, Hangzhou, China
‖ 摄于 2020 年 ‖

这是日本茑屋在中国大陆开设的第一家书店。

杭州晓风书屋

Xiaofeng Bookstore, Hangzhou, China

‖ 摄于 2021 年 ‖

晓风书屋是杭州的一张文化名片，现在杭州已约有20家分店。
图为2021年开放的弥陀寺店。书店位于弥陀寺一座民国时期的
木结构老房子里，原为法雨庵，现以"明远书院"为招牌。

合肥几何书店
Jihe Bookstore, Hefei, China
‖ 摄于 2020 年 ‖

几何书店从西宁起步，短短几年已在全国多个城市开
设新店，其最让人印象深刻的直观的感受是以图书为
主的多元文化体验及洞穴式的空间设计

荷兰马斯特里赫特天堂书店
Bookstore Dominicanen, Maastricht, Netherlands
‖ 摄于 2018 年 ‖

荷兰的马斯特里赫特这座城市离比利时和德国很近，城市虽不大，却因标志欧盟诞生的《马斯特里赫特条约》在此签署而名气不小。对于爱书人来说，天堂书店更具吸引力，几乎各大最美书店榜单都少不了它，其店位于拥有800多年历史的多米尼加教堂。

克罗地亚杜布罗夫尼克 Algebra 书店
Algebra Bookstore, Dubrovnik, Croatia
‖ 摄于 2019 年 ‖

杜布罗夫尼克因其为《权力的游戏》拍摄地而
被越来越多的人所知晓，现已成为知名的旅游
城市。这家书店以售卖克罗地亚历史、文学、
旅行书籍为主。

立陶宛维尔纽斯大学 Littera 书店
Vilnius University Littera Bookstore, Vilnius, Lithuania
‖ 摄于 2018 年 ‖

维尔纽斯大学成立于1579年，是东欧最早的大学之一。这家大学书店内最吸引人的是立陶宛艺术家Antanas Kmieliauskas为维尔纽斯大学成立400周年而绘制的壁画，主题是大学的历史。

JOACHIMAS
LELEVELIS
ISTORIKAS
PROFESORIUS

马来西亚吉隆坡华文书店
Chinese Bookstore, Kuala Lumpur, Malaysia
‖ 摄于 2014 年 ‖

这是一家开在烟火气十足的闹市中的书店。

211

美国哈佛大学 COOP 书店
The Harvard COOP Bookstore, Cambridge, USA
‖ 摄于 2018 年 ‖

它创立于1882年，是美国历史最悠久的大学书店，也曾是美国最大的大学书店。同时，它还是哈佛大学和麻省理工学院的学术交流之所。

美国华盛顿特区 Riverby Books 书店
Riverby Books, Washington D.C., USA
‖ 摄于 2018 年 ‖

2018年，在美国首都华盛顿特区的Riverby Books书店，我买了一本名为《华盛顿五百家书店指南》的旧书。当时，店员告诉我，书中所列的书店已倒闭不少。在我造访后一个月，这家书店也关门了。

美国旧金山城市之光书店
City Light Books, San Francisco, USA
‖ 摄于 2016 年 ‖

书店店名取自卓别林的同名电影，由诗人费林盖蒂于1953年成立。书店成立不久即影响很大，尤其以反叛的Beat精神为肇始。我们把Beat译为"垮掉"，表面看有些颓废、迷惘而无助，实际上是一种反叛精神。Beat一词源自beatniks，为打破传统的意思。据说，Beat Generation是美国作家杰克·凯鲁亚克最早提出的，其意思包含"超越的一代""自由的一代"

美国纽约莎士比亚书店
Shakespeare & Company, New York, USA
‖ 摄于 2018 年 ‖

这家位于纽约曼哈顿的莎士比亚书店与巴黎塞纳河边的莎士比亚书店没有关系，其成立于1983年。它有一个为作者提供自出版的特色业务，快速而高质量，并可帮助售卖。

美国纽约 Westsider 珍本和二手书店
Westsider Rare & Used Books, New York, USA
‖ 摄于 2018 年 ‖

它是纽约一家普通的二手书店。该店面售书已超过30年，此前为Gryphon书店。2002年，现在的店主接手并经营至今。

美国纽约亚马逊书店
Amazon Books, New York, USA
‖ 摄于 2018 年 ‖

亚马逊书店从网上来到了线下，其店内图书的价格与网店一致，图书的选择以畅销书为主，书的封面朝向读者，书的诸多信息来源于网上的数据，具有很强的网络风格。

摩洛哥索维拉露天书摊
Outdoor Bookstall, Essaouira, Morocco
‖ 摄于 2017 年 ‖

18世纪英国文学家塞缪尔·约翰逊博士说："我们所有的宗教、几乎所有的律法和艺术，以及几乎一切使我们脱离野蛮的东西，都来自地中海海岸。"在地中海的西南侧有一个阿拉伯国家——摩洛哥，它也深受地中海文明的影响。其历史上的第一本印刷书由犹太移民印制，几乎与欧洲同步。14世纪，摩洛哥旅行家伊本·白图泰于30年间，行程10万多公里，足迹踏及亚、非、欧各地，其中包括中国。他的游记不仅满足了人们猎奇的心理，也是一部严肃的学术研究著作，内容涉及沿途各国各地区的风物、民俗及社会状况。伊本·白图泰亲身丈量人类的文明，他的游记成了真正的"一书一世界"。

墨西哥墨西哥城博路亚书店
Librería Porrúa, Mexico City, Mexico
‖ 摄于 2016 年 ‖

这是一家有着120年历史的书店，现已有60多家分店。

墨西哥墨西哥城 Cafebrera El Pndulo 书店
Cafebrera El Pndulo, Mexico City, Mexico
‖ 摄于 2016 年 ‖

从名字看，Cafebrera El Pndulo是一个咖啡馆。与国内有些名为书店实为咖啡馆的店家不同，它仍是一个图书销售占据主体的书店，咖啡和餐饮只是其中的一小部分。其书店的美，美在有绿植，有精巧的空间设计。它曾被美国《国家地理》旗下的杂志评为世界十佳书店之一，同时入选的还有我国的南京先锋书店。

南京奇点书集
Singularity Books and Others, Nanjing, China
‖ 摄于 2020 年 ‖

2019年，南京被联合国教科文组织列入"文学之都"，由此成为我国第一个获此称号的城市。文学之都有众多的文化空间点缀，奇点书集便是一个新兴的代表。它用"仓库"和"市集"相结合的方式构筑着自己的空间气质。

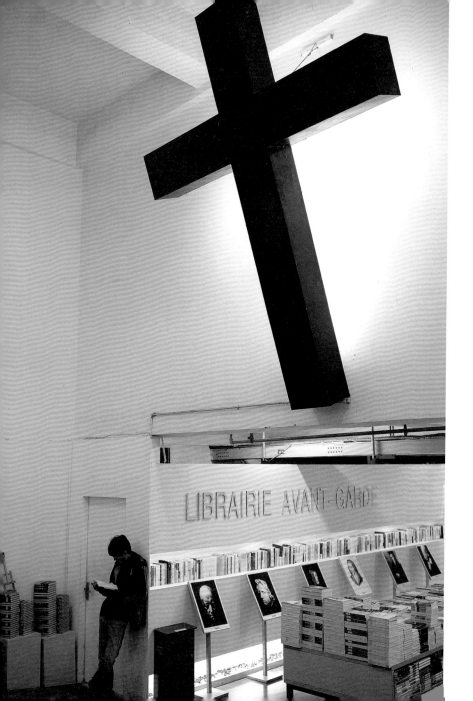

南京先锋书店
Librairie Avant-Garde, Nanjing, China
‖ 摄于 2016 年 ‖

先锋书店五台山总店店址原为地下车库，读者进入其中，便会被开阔的空间、一层拐角处巨大的十字架和陈列的名家相片所感染。它曾被美国《国家地理》旗下的杂志评选为世界十佳书店之一，目前在江浙等地已有多家分店。其空间设计以中国古典和现代简约风格为主，真正做到了吸引八方来客。他们还在浙江桐庐建了一家先锋云夕图书馆，它融合了图书馆和书店的功能，惠及当地村民。

尼泊尔加德满都户外书店
Outdoor Bookstore, Kathmandu, Nepal
‖ 摄于 2014 年 ‖

加德满都是尼泊尔的首都，这座城市有着让人流连忘返的多处世界文化遗产，但对于很多徒步及登山爱好者来说，它仅是一个旅行中转站。这里有数不清的户外用品店，以及售卖尼泊尔主题的各种旅行指南的书店。

苏州诚品书店
Eslite Bookstore, Suzhou, China
‖ 摄于 2021 年 ‖

这是诚品书店在大陆开设的第一家分店。多元文化经营的诚品是书店行业的标杆，它甚至影响了我国图书馆的服务理念。创始人吴清友曾说过："没有商业诚品不能活，没有文化诚品不想活。"它以商场和书店相融合的经营模式，以及1999年施行的24小时不打烊的服务领行业风气之先。

苏州钟书阁
Zhongshu Bookstore, Suzhou, China
‖ 摄于 2021 年 ‖

钟书阁从上海起步，定义和引领了中国书店的"最美"转型，目
前在全国多个城市开设了极其风格化的分店。

上海朵云书院
Duoyun Books, Shanghai, China
‖ 摄于 2019 年 ‖

位于上海中心52层的朵云书院旗舰店，距离地面有239
米，是目前全世界绝对高度最高的商业运营书店。

上海多抓鱼书店
Déjà Vu, Shanghai, China
‖ 摄于 2021 年 ‖

作为国内二手书交易平台，"多抓鱼"已经在网络平台赚得
不错的口碑和交易量，并在北京和上海有了实体店。"多抓
鱼"的宗旨是"真正的好东西值得买两次"，它希望通过自
己的努力促进优质书籍和耐用消费品的循环使用，减轻过度
的生产消费给地球带来的负担。它的异军突起得益于日新月
异的互联网技术和对二手图书的翻新消毒手段。

上海光的空间
Lightspace Bookstore, Shanghai, China
‖ 摄于 2021 年 ‖

其空间改造由日本建筑师安藤忠雄设计。他说："犹如光之于建筑，只有阅读，能让未来的希望照亮人们的心房。"

上海汉源汇
Old China Hand Style, Shanghai, China
‖ 摄于 2019 年 ‖

2017年底，汉源书店易址，并更名为"汉源汇"，书
店仍然主打人文情怀，以纪念张国荣作为书店主题。

上海季风书园
Jifeng Bookstore, Shanghai, China
‖ 摄于 2017 年 ‖

2018年初，季风书园在上海成为一块新时代的化石，
它见证了上海书业20年间的起起落落。

上海亚朵酒店单向空间
OWSPACE Bookstore in Atour Hotel, Shanghai, China
‖ 摄于 2021 年 ‖

单向街书店2005年创立于北京，经过多年的运营，已转型为"单向空间"，它是一家多元发展的文化公司。除了主营的书店业务外，它的视频节目《十三邀》以鲜明的个性走向了大众，"单向街书店文学奖"是国内少有的民间机构设立的文学奖，迄今已举办六届。"单向空间"一系列基于图书衍生的创新业务是世界书店业少有的模式，包括书店与酒店的合作。

上海言几又
Yanjiyou Bookstore, Shanghai, China
‖ 摄于 2016 年 ‖

以"设"字拆分，作为店名，以空间的个性设计为载体，言几又是集实体
书店、咖啡文化、文创产品、文艺沙龙、特色体验空间于一体的文化生活
体验馆。它以想象力和创造力展现自我和个性，是人与文化、人与生活、
人与人交流的多元素的时尚空间。

上海 ZiWU 志屋

ZiWU, Shanghai, China

‖ 摄于 2018 年 ‖

它不仅是一家由日本艺术家名和晃平主理的 SANDWICH 工作室设计的
书店，也是一个集图书馆、会议室、咖啡厅等功能于一体的社交空间。

斯洛伐克布拉迪斯拉发 ADKA BOOKS 书店
ADKA BOOKS, Bratislava, Slovakia
‖ 摄于 2014 年 ‖

一座小城，一间小书店。

斯洛文尼亚卢布尔雅那 House of Dreaming Books 书店
House of Dreaming Books, Ljubljana, Slovenia
‖ 摄于 2019 年 ‖

这是卢布尔雅那较有代表性的一家书店。

泰国曼谷 Bookmoby 书店
Bookmoby, Bangkok, Thailand
‖ 摄于 2016 年 ‖

一家小而美的书店，店内有一个《1984》的文创专区。

天津桑丘书店
Sancho Books, Tianjin, China
‖ 摄于 2022 年 ‖

它自称是能够呈现不同文化形态和内容的综合类体验式书店。一家好的书店会提升游客对于一座城市的好感，桑丘书店做到了。

香港中华书局
Chung Hwa Book Co., Hong Kong, China
‖ 摄于 2015 年 ‖

中华书局（香港）有限公司源于1912年在上海创办的中华书局，1927年在香港独立注册，1988年更名为中华书局（香港）有限公司。在近一个世纪的发展中，香港中华书局逐步确立了以"弘扬中华文化，构建现代文明"为追求，以"重学术、重原创、重本土"为导向的出版理念。图为它的油麻地分局书店。

意大利威尼斯沉船书店
Acqua Alta, Venice, Italy
‖ 摄于 2018 年 ‖

主人在入口处的招牌上自傲地写下"欢迎来到世界上最美的书店"。走入其中,映入眼帘的是杂乱堆积着的大量二手书,屋内一条贡多拉游船上铺满了大量旧书,整个店面很像一个清仓甩卖的杂货铺,甚至废旧浴缸也被搬出来作为藏书池。门外,破烂旧书被做成了阶梯,供人登高观景。沉船书店的杂乱使得它的特点更加鲜明,更何况出门就是著名的威尼斯运河。威尼斯最醒目的大众纪念品便是狂欢节的面具,在拉丁语中,面具是"人"的意思。人因面具得生,在各自舞台上表演着他人眼中的精彩。当电子美颜扭捏般横行互联网时,当越来越多的图书馆和书店靠一个"美"字立足时,这家自诩"最美"的书店却戴上了一个钟楼怪人的面具,向这个美丽新世界发出了挑战。

英国伦敦船上书店
Word on the Water, London, UK
‖ 摄于 2019 年 ‖

一家在河边船上运营的二手书店，与大英图书馆距离不远。

MONMOUTH COFFEE
and guests
ESPRESSO ·2⁰⁰   PLANT
MACCHIATO 2²⁵   MILK 65
AMERICANO 2²⁵   EXTRA
LATTE 2⁸⁵   SHOT 30
FLAT WHITE 2⁸⁵
CAPPUCCINO 2⁸⁵
MOCHA 3²⁰
GREEN ·
BLACKS
HOT CHOCOLATE 3⁰⁰

KOMBUCHA
PEACH SYRUP
GINGER
2.50   3⁶⁵

英国伦敦《伦敦书评》书店
London Review Bookshop, London, UK
‖ 摄于 2019 年 ‖

书店源于《伦敦书评》这份欧洲影响最大的文学杂志。上海的思南书局与其
有合作关系，并在店内开设《伦敦书评》书店的专区。

英国伦敦泰晤士河畔旧书摊
Bookstall along the Thames, London, UK
‖ 摄于 2019 年 ‖

泰晤士河南岸的二手书摊、小吃、街头艺人，绘出这个古老帝国首都的烟火气。

英国伦敦同志话语书店
Gay's the Word Bookshop, London, UK
‖ 摄于 2019 年 ‖

1979年，它作为英国最早的LGBT主题书店开业。当时的英国鲜有类似主题的出版物，所售图书主要从美国进口。它标榜自己不仅仅是一家书店，还参与一些LGBT的活动。

英国牛津 Blackwell's 书店
Blackwell's Bookstore, Oxford, UK
‖ 摄于 2019 年 ‖

它是世界上最大的学术书店，也是牛津最大、历史最悠久的书店。

书是光，有书的地方就有光明

伟大的灵魂在书中发光，这光芒超越时间和空间，

照亮每一个爱智的灵魂

后记

顾晓光

　　这是2021年出版的画册——《因书而美：世界图书馆与书店漫游》的修订简装本。当时在筹备这本画册时，我希望它干干净净，除了影像和少量的文字解读外，不着其他印记，请书友静心体会人类智慧释放的大世界和我陋见包裹的小心思。幸得周国平先生赐序，除给予我的鼓励外，还高屋建瓴，为书友做了简短的导览。此次以不同的样貌再版，并加入八家图书馆和书店。编辑嘱我写篇后记，并特别要纪念姜寻兄，我必须从命，并向帮助拙著面世的众多师友表达感激之情。我希望你们的厚爱，会使这些静止的画面闪烁，让方正的文字圆润。鞠躬！

　　北京模范书局创始人、诗人、雕版藏家、书籍装帧设计师姜寻先生于2022年1月16日因搬书从高处跌落，不幸意外去世。听此噩耗，心情久久不能平静，感叹天妒英才、人生无常。姜寻兄可谓是书痴，他的模范书局成为京城最美书店，实至名归，却不知让他倾尽了多少心力。我和他因书结识，虽时间不长，但因《因书而美》得姜寻兄厚爱，他主动要求参与设计，并为这本书的出版倾尽全力，以至交之谊待我，感动万分。在他去世前两天，我们同去周国平先生处拜访，我还参加了模范书局的线上直播，没想到竟成永别，心痛不已！愿姜寻兄在另一个世界多享受书带来的甜，少些苦。

　　从2021年4月开始筹备《因书而美》的出版，姜寻兄付出了大量时间。我自认照片一般，只是"我在那里"和主题的讨好，才使得它们有出版的可能。但他却给了我太多的抬爱，以极大的热情投入到这本书的设计中。他对于艺术的坚守和专业的素养，让我感慨万分。本书的编辑张磊先生也有着同样的感受："他对书籍设计有着追求完美的执念，对出版和书店经营也有着独到的想法和极大的热情。"

　　这本画册出版半年多，出版社已无库存。不到一年，竟有四篇公开发表的书评。这个成绩首先要归功于姜寻兄。朱敏女士在《藏书报》发表书评——《简省而又丰厚的书林视觉盛宴》，文中对姜寻兄的设计不吝溢美之词：

> 书内排版大气又灵动，所用皆是大幅照片，单页插图、跨页插图、四边出血版插图灵活穿插，图与文或分立或交融，排布和谐、相得益彰。这样完美的排版效果，自然也得益于文字的简省之功。全书从用纸、排版到印刷、装订均舍得投入，内敛大气、低调奢华，确保了摄影作品的完美呈现。随手翻来，色调温暖，画面精美、细节纤毫可见，浓浓的书卷气扑面而来，既可略览又可细观，赏心悦目，不仅能够满足读者对于视觉上真切感的迫切需求，而且颇具艺术审美价值，堪称书林视觉盛宴。

一声叹息，惜他无法看到同行的雅赏和共鸣，更无缘得见自己精心设计的羊皮特装本。在七言律诗《题官书院藏书室》中，他写道："顿悟爱痴一刹那，荣华前世尽销烟。"这在当时是何种情境？！他爱书成痴，作为藏书家和书店老板，成为书的祭品。这让我想起了另外一位书店人罗志华先生。香港青文书屋的罗先生惨死于坍塌的书箱下，被书埋葬。梁文道先生在评论罗志华的离去时说："很容易就会感到罗志华的死其实是一个象征，象征我们的过去；如果不幸的话，甚至象征我们的未来。"

《华氏451》的作者雷·布雷德伯里说过，没有图书馆，我们既没有过去，也没有未来。那么，没有书店会怎么样？

2022年，曾经豪情万丈的"言几又"几乎已退隐，并伴着拖欠工资和房租等负面消息。同时，2022年4月，1000平方米面积和千万元级别装修的泰舍书局在北京丰台区开门迎客，成为当年最为亮眼的新书店。另外，受疫情的影响，独立书店门可罗雀，难以为继，越来越多的店主开始直播售书。

此次再版，书中仍保留了已经闭门的书店，并增加了四家图书馆和四家书店。在此向图书馆人、书店人致敬！

2023年1月9日于北大燕园